FLEURUS

Illustration de couverture : Germain

Direction : Guillaume Arnaud, Guillaume Pô
Direction éditoriale : Sarah Malherbe
Édition : Anna Guével, assistée par Anne-Sophie Origlia
Conception graphique : Séverine Roze et Mathilde Dufau
Direction de fabrication : Thierry Dubus
Fabrication : Audrey Bord

Site : www.fleuruseditions.com
ISBN : 978-2-2151-7125-6
MDS : FS00011

HISTOIRES

à lire avec MA MAMAN

FLEURUS

SOMMAIRE

« Quand Maman était petite, comme moi ! »

Confortablement installée dans un large fauteuil, Petite Ourse regarde un vieil album photos, avec Granny. Granny montre avec son doigt : « Devine qui est cette petite ourse brune sur la luge ? C'est ta maman, quand elle était petite, comme toi ! »

Petite Ourse n'en croit pas ses yeux. Une maman ourse haute comme trois pommes, avec un bonnet à pompon… C'est rigolo comme tout ! Tout excitée, Petite Ourse saute sur ses pattes :

« Raconte, Granny… quand Maman avait mon âge ! »

Granny ferme les yeux, pour mieux se souvenir :

« Quand ta maman était petite, comme toi, elle aimait beaucoup le miel.

– Comme moi ! s'écrie Petite Ourse.

– Quand ta maman était petite, elle aimait l'histoire de Boucle d'Or ! continue Granny.

– Comme moi ! s'écrie Petite Ourse.

C'est incroyable ! »

Granny se penche vers Petite Ourse et lui murmure en secret :

« Quand ta maman était petite, comme toi, elle suçait son doigt, comme ça ! Elle faisait de drôles de bêtises. Une fois, elle a mis de l'eau dans le grand chapeau de Paddy, pour faire nager ses petits canards… Ce jour-là, Paddy a fait la grosse voix. Mais ça, tu ne lui répéteras pas… »

Granny tire Petite Ourse par la main, l'entraîne au fond du jardin et l'installe sur la balançoire :
« Quand ta maman avait ton âge, je la poussais sur la balançoire. Haut, haut, jusqu'au ciel. Et ta maman répétait les mêmes mots que toi :

Encore, encore ! »

Comme le soir tombe, Granny et Petite Ourse rentrent à la maison. Granny conduit Petite Ourse au grenier. En apercevant le tricycle rouge de Maman Ourse, une pluie de souvenirs revient à la mémoire de Granny…

Granny se met alors à raconter et Petite Ourse n'en perd pas une miette :

« Quand ta maman était petite, je lui essuyais ses moustaches de chocolat tous les matins, et elle n'aimait pas du tout ça ! Elle était très pressée de devenir grande. Mais moi, je lui serrais la main bien fort, pour traverser la rivière. Après, elle a grandi comme un tourbillon. Un matin de printemps, elle est partie à l'école toute seule, avec son cartable sur le dos. Très vite, elle est devenue une belle jeune fille. Un soir, elle est arrivée le cœur en fête. Elle chantait, elle dansait… J'ai tout de suite deviné… Elle venait de rencontrer un jeune ours charmant : ton papa ! L'été suivant, ton papa et ta maman se sont mariés. Et quelques mois plus tard, tu es arrivée ma Petite Ourse chérie. Paddy et moi, nous venions de gagner un grand ours à aimer et une petite ourse à câliner. »

Le premier matin d'école

« Grégoire ! Il faut te réveiller ! »

La voix de maman est douce comme un câlin. Derrière ses yeux fermés, Grégoire n'arrive pas à sortir de son sommeil.

« Grégoire, Grégoire ! Mon grand ! Il faut te lever pour ton premier jour d'école ! »

Tilt ! Les yeux de Grégoire s'ouvrent d'un coup.

Hop ! Il bondit hors de son lit. Il a suffi d'un mot magique pour le réveiller tout à fait. L'école, quelle aventure !

Grégoire se lave le bout du nez et commence à s'habiller.

Heureusement que maman est là :

« Attention, roi Dagobert, tu mets ta culotte à l'envers ! Regarde, l'étiquette de ton pull est du mauvais côté ! »

D'ordinaire, Grégoire se débrouille très bien tout seul.

Mais aujourd'hui n'est pas un jour comme les autres, et Grégoire bouillonne d'impatience.

Oh ! Un peu plus, et il allait mettre une chaussette verte avec une rouge !
Maman se met à rire : « Si ça continue, ta maîtresse va te faire remarquer que tu n'es pas à l'école des clowns ! »
Grégoire éclate de rire à son tour, tout excité.
À cet instant, il entend la porte claquer.
« Papa est parti au travail ? Sans m'embrasser ?
– Mais non, il revient ! Il est allé à la boulangerie. »
Mmm ! Ça sent la surprise ! Grégoire court à la cuisine, où les bras de papa l'attrapent au vol. Grégoire décolle du sol et reçoit un bisou très haut dans les airs :
« Alors, bonhomme, prêt pour l'école ? Tu vas bientôt devenir aussi grand que moi ! Enfin, il faudra quand même beaucoup de jours d'école pour ça ! »
Grégoire éclate de rire à nouveau. Papa l'assoit devant un bol de chocolat et…
« Un croissant ! s'écrie Grégoire.
Mais les croissants, c'est pour faire la fête !
– Et ce n'est pas la fête d'entrer à l'école ?
demandent ensemble papa et maman.
– Si », dit Grégoire en souriant de toutes ses dents qu'il plante aussitôt dans le croissant.

Un peu plus tard, le grand moment est arrivé. Direction l'école !

À l'entrée, les maîtresses sont là pour accueillir les enfants. Certains rient, d'autres ouvrent de grands yeux, d'autres crient à qui mieux mieux.

« Pourquoi ils pleurent ? demande Grégoire à sa maman.

– Ils sont timides. Ils ont un peu peur de l'école parce qu'ils ne la connaissent pas encore. Tu as peur, toi ?

– Non !

– Tu as raison. Bientôt, eux non plus n'auront plus peur. Il faut seulement qu'ils s'habituent.

– Bonjour, Grégoire ! dit la maîtresse. Bienvenue à l'école. Ta maman va t'accompagner jusque dans la classe. »

Mmmm ! Dans les couloirs, ça sent une bonne odeur.

Une odeur toute nouvelle. L'odeur de l'école !

« Bonjour, Grégoire ! dit une dame souriante qui se tient à l'entrée de la classe. Je suis la dame qui aide la maîtresse à s'occuper de vous. Tu as l'air content de venir à l'école ! Bravo. Tu peux enlever tes chaussures et enfiler tes chaussons. »

Scratch, scratch ! Grégoire range ses chaussures dans un petit casier. Il accroche ensuite son gilet à un portemanteau qui est juste à la bonne taille.

Cette fois, il est prêt ! Ah non, pas tout à fait. Il lui reste une chose importante à faire avant d'entrer dans la classe pour découvrir son nouveau monde :

« Bisou, maman ! »

Le lutin Beau-Teint

« Je déteste les lentilles et les carottes ! »

Émilien a crié si fort que l'eau de son verre a sursauté, mais sa maman répond d'un ton tranquille : « De toute façon, tu n'aimes rien, Émilien.

– Si ! J'aime les frites et les pâtes-sauce-tomate !

– Je sais. Mais si je te faisais toujours ces plats-là, tu deviendrais gros et gras. »

Émilien, rouge de colère, tape du poing sur la table.

Au lieu de se fâcher, maman lui dit alors : « Veux-tu que je te raconte une histoire ? Il était une fois un minuscule lutin qui avait pour chapeau le bout pointu d'une carotte. On l'appelait le lutin Beau-Teint…

– Pourquoi ? demande Émilien intrigué.

– Parce que mon chapeau me donne bonne mine », réplique une voix bourrue qui monte de l'assiette.

Émilien écarquille les yeux. Au milieu de son assiette, bien installé sur les lentilles, il voit le lutin Beau-Teint.

L'étonnant personnage reprend d'un air faussement fâché : « Alors, mon bonhomme, on fait un caprice pour manger ?

Tu as tort de refuser ces lentilles. Elles cachent un trésor précieux.

Bien plus précieux que les malles d'or d'une frégate de pirates.

– Ah… bon ? répond Émilien le souffle coupé.

– Creuse dans le tas, et tu verras ! » propose le lutin d'un air mystérieux.

Émilien ne se le fait pas dire deux fois : il attrape sa cuillère et se met à piocher. Bouchée après bouchée, il dévore son plat sans même s'en rendre compte, à la recherche du trésor enfoui.

L'assiette est vide.

Mais où est donc le trésor promis ?

« Dans ton ventre, mon garçon, dit le lutin. Tu as avalé le fer des lentilles. Plus précieuses que l'or et l'argent, ses pépites vont te donner la force d'un vrai pirate ! »

Émilien sent la moutarde lui monter au nez. On l'a bien attrapé !

D'un geste brusque, il enlève au lutin son chapeau de carotte, qu'il gobe tout rond pour se venger. Le lutin décoiffé disparaît aussitôt comme par magie !

Juste à ce moment-là, maman dit :

« Bravo, Émilien !

Tu as tout mangé, même ta carotte !
L'histoire du lutin Beau-Teint aide toujours les enfants à finir leur assiette. »
Émilien n'y comprend plus rien. D'où sortait ce lutin ?
Mais déjà maman poursuit : « Tu as bien mérité ton dessert.
Que dirais-tu d'une glace vanille-chocolat ? »
Émilien sourit. Il dirait… qu'il n'y a pas de quoi faire une colère, cette fois !
En le voyant attaquer son dessert à grands coups de cuillère, maman éclate de rire : « Quelle énergie ! On dirait un chef pirate en train de passer à l'abordage ! Le lutin Beau-Teint n'a pas menti, tu sais… »

La machine à laver le singe

« Petit lapin, Petit lapin, où es-tu ?
– Je suis là, maman, répond Petit lapin.
– S'il te plaît, Petit lapin, apporte-moi Malin le singe. Je vais laver les draps de ton lit et Malin aussi, dit Maman lapin.
– Nooooon, crie Petit lapin, pas Malin ! »

Petit lapin serre très fort Malin contre son cœur. Il le renifle, le mordille, le respire encore. C'est qu'il l'aime, ce petit singe tout doux !

«Il est vraiment trop sale, ton Malin, s'exclame Maman lapin. Il doit se laver. »

Petit lapin réfléchit : si Maman lave Malin, il ne sentira plus sa bonne odeur de singe.

« Noooon ! crie Petit lapin, pas Malin ! Moi, j'aime son odeur. »
Pourtant, il ne sent pas très bon, ce Malin. Il ne sent pas très bon des oreilles, ni des orteils. Mais Petit lapin adore son odeur. C'est l'odeur des câlins, celle qui console des gros chagrins.

Maman lapin prend Petit lapin dans ses bras.

« Ne t'inquiète pas, Petit lapin. La première heure, il sentira le propre, mais après, quand tu l'auras bien mordillé, un peu mâchouillé, il retrouvera sa bonne odeur de Malin. »

Maman a l'air bien décidée. Alors Petit lapin se gratte le front. Il se demande si cela ne va pas lui faire mal, à Malin, d'être lavé.

«Noooon, crie Petit lapin, il va avoir mal !

– Mais non, c'est comme toi, le soir, quand tu prends un bain et que tu joues avec tes canards.

– Mais il va se noyer ! crie Petit lapin.

– Mais non, mon bébé, répond Maman lapin, les peluches ne peuvent pas se noyer.

– Bon d'accord, dit Petit lapin. Mais où va-t-il se laver ? Dans la baignoire ?
– Non, c'est pour toi, Papa et moi, la baignoire, pas pour Malin.
Nous allons laver Malin dans la machine à laver le linge.

Ce sera la machine à laver le singe !

– Il ne va pas avoir peur ? s'inquiète Petit lapin.
– Non, tu vas lui faire un gros bisou pour le rassurer. Tu verras : il va bien s'amuser. La machine, c'est comme un manège à doudous ! »
Petit lapin a le cœur gros, mais il obéit : il fait un câlin à Malin et hop ! il le met dans la machine. Malin tourne, tourne, tourne avec les draps, il danse avec les bulles de lessive !
C'est vrai qu'il a l'air de bien s'amuser, son Malin !

Malin ressort tout mouillé, l'air un peu fatigué d'avoir tellement ri.
Petit lapin veut le serrer dans ses bras tout de suite.
« Patience Petit lapin, il faut qu'il sèche maintenant pour qu'il retrouve son poil tout doux », dit Maman doucement.
Petit lapin attend longtemps, longtemps ! Enfin, **ouf !**
Maman lapin rend Malin à Petit lapin.
Il le prend dans ses bras, le serre très très fort, fronce le nez à l'odeur de la lessive et, sans y penser, commence à lui mâchonner la queue.
Il l'embrasse et lui souffle à l'oreille :

« Tu as été tellement courageux,
mon Malin, je suis fier de toi ! »

J'ai pas sommeil !

« Les nageoires, pipi et au lit ! »

Colin le petit poisson n'écoute pas sa maman. Il est trop occupé à faire rouler ses oursins sur le super-circuit qu'il a installé avec ses cousins.

« Il est très tard, Colin ! Les cousins sont partis, maintenant il faut se coucher ! » insiste Madame Plancton.

« Je veux pas dormir ! » répond Colin, les écailles frémissantes.

Il tourne sur lui-même en faisant de grosses bulles et refuse de mettre son pyjama à rayures.

Madame Plancton se fâche et fait vibrer ses branchies un peu plus fort : « Dépêche-toi, Colin ! Je ne le répéterai pas ! »

Le petit poisson est vraiment très énervé. Il devient orange, puis rouge !

« Colin… Dernier avertissement ! »

D'un grand jet de bulles, Colin envoie au fond des coraux tous ses beaux oursins ! Il se met à gonfler comme un gros ballon :
« Je veux pas dormir, j'ai pas sommeil !
– Chut ! File dans ton anémone, s'il te plaît ! » répond maman d'une voix ferme. Mais Colin n'est toujours pas calmé.
Voilà qu'il commence à clignoter, comme la lumière d'un phare !
« Colin, tu es en train de faire une grosse colère ! »
Maman fait ses gros yeux qui font peur. Colin se décide enfin à mettre son pyjama et à se laver les nageoires.
« Maman a tout gâché ! Moi qui jouais si bien avec mes oursins !
Elle est méchante », pense-t-il.
En sortant du lagon de toilette, il se jette sur son anémone et tape de toutes ses forces avec sa queue contre le rebord de son lit.

« Je ne veux plus rien entendre !

Maintenant tu fais dodo ! » dit sa maman en fermant le rideau d'étoiles de mer. Colin a complètement dégonflé. Il pleure à présent. Les larmes coulent, coulent très fort. Tout à coup, il fait noir. Oh ! là, là ! Une pieuvre géante jaillit devant lui avec d'immenses tentacules !

« Au secours ! Au secours ! » crie Colin.

Madame Plancton se précipite :

« Tu as fait un cauchemar, mon p'tit têtard ! »

Colin se réfugie dans les nageoires de sa maman.

« Une pieuvre affreuse voulait me manger ! J'ai eu si peur !
– Calme-toi ! Tu vois que ce n'est pas bien de s'endormir tout énervé !
Tu es un tout petit poisson qui a besoin de sommeil.
Le soir, quand c'est l'heure de dormir, il faut se coucher sans discuter. »
Madame Plancton caresse les écailles de Colin et allume sa veilleuse-méduse.
« Tu veux bien me raconter une histoire, ma petite maman chérie ?
– Bon, d'accord. Connais-tu celle du marchand de sable ?
Il était une fois, au royaume de Neptune… »
Madame Plancton sourit. Colin, les yeux fermés, s'est déjà endormi…

« Bonne nuit, mon trésor des mers !

À demain ! »

New material only REG. NO. QC-007333 Content : Polyurethane Foam	Matériaux neufs seulement N°de permis : QC-007333 Contenu : Mousse de polyuréthane

Certifié PEFC
Ce produit est issu de forêts gérées durablement et de sources contrôlées.
PEFC 10-31-1093
pefc-france.org

N° d'édition : J19261
Achevé d'imprimer en juin 2019 par Printer Portuguesa, au Portugal
Dépôt légal : août 2019